# 辛いけどクセになる簡単レシピ52

タカハシユキ

はじめに

「辛いけどクセになる旨さ！」

- 一味唐辛子
- 粉唐辛子
- 青唐辛子
- 唐辛子
- ラー油
- キムチ
- 豆板醤
- コチジャン
- タバスコ
- 柚子こしょう
- チリパウダー
- 黒こしょう
- 明太子
- からし
- カレー粉

辛さだけを求めるならば、辛味調味料を存分に振りかければよい。

我々が極めたいのは、ただ辛い料理ではなく、辛くて旨い料理。

一味唐辛子に豆板醤、キムチ、コチジャン、カレー粉、柚子こしょうなど、ピリッと刺激的な辛味が、食材本来の持つ味の深みと相まった最大公約数、それが〝辛いけど旨い！〟＝「辛飯」の必須条件なのである。

ひとことで〝辛い〟と言っても、さまざま。口に入れた途端、ヒリヒリと舌を焼くような〝辛い〟もあれば、コクのある旨みの後から辛味が追いかけてくる〝辛い〟もある。

なにはともあれ、本書のレシピを参考に、辛味ワールドの奥深さを求めて〝辛いけど旨い！〟辛飯をお試しあれ！

辛飯制作委員会

# もくじ

はじめに……2
便利！つくおき辛調味料4品……6
辛味相関図……8

## いつものメニューをピリッと辛く！

じゃがコンビーフのチリ炒め……10
スパイシー！みそカレースープ……12
カレーポテサラ with サーディン……13

### 小辛 🔥

燃えるトマ🔥キム……14
揚げ🔥キム……15
あまくてピリッと辛いキムチ卵焼き……16
あさりのピリ辛酒蒸し……18
アボカドガーリック辛炒め……19
ホルモンの辛みそ炒め……20

めんたい卵焼き……22
ぶつまぐろのからしマヨ和え……23
かぼちゃとなすのピリ辛ジョン……24
豆もやしとツナをラー油で……26

## 辛さと旨さが絶妙にからみ合う！

### 中辛 🔥🔥

自家製チリコーン煮……28
エビとオクラのガーリック炒め……30
いんげんとピリ辛ザーサイ炒め……32
大根スライスに南蛮青唐辛子みそ……34
やっこ焦がし醤油がけ……35
油揚げキムチ巻き……36
ごまが香るイカキムチ……37
さつまと厚揚げ辛みそまぶし……38
ラー油やきそば……40
ヒリヒリ卵ラースープ……41
牛とピーマンのピリピリ炒め……42

## 大辛 🔥🔥🔥
### あとひく辛さがクセになる！

1本から揚げカレー……44
炒めるだけのタンドリーチキン……45
明太じゃがサラダ……46
明太ラー油あん豆腐……47
ベトナム★にんじん春雨サラダ……48
帆立とエリンギの柚子こしょう炒め……50

豚なすチンゲン菜の唐辛子炒め……52
厚揚げと豚のピリ辛にんにく炒め……54
ライムが香る鶏と香菜のエスニック炒め……56
ピリッ辛！れんこんきんぴら……57
ズッキーニ入り変わり納豆辛みそ鍋……58
ごま辛味だれうどん……59
シャキッとレタスとイカでキムチ炒め……60
タコきゅうりのキムチ和え……61
鼻を突き抜けるうま辛坦々麺……62

タバスコトマトチップス添え……64
辛さマックス！ハラペーニョサルサ……65
火の鶏バンバンジー……66
つぶし豆腐と海苔の豆板醤和え……67
ゆでキャベツにナッツとマーラーソースがけ……68
じゃがいもの豆板醤マヨ和え……69
アンチョビと柚子こしょうのペペロンチーノ……70
じっくり辛さばの一味唐辛子煮……72

## 特辛 🔥🔥🔥🔥
### 辛味のデッドゾーンに挑戦！

嗚呼!!あさりスンドゥブ……74
にんにくの芽と豚の激辛ソース炒め……76
熱風マーボートーフ……77
激震の辛さ！鶏レバーのラー煮こみ……78
グツグツと八宝菜の地獄煮……79

辛さは個人のお好みで辛味調味料の分量を調整ください。本書中の唐辛子は韓国産を使用しています。日本産の唐辛子を使う場合は、旨さを損なわない辛味調味料の分量を調整してください（一味唐辛子と表記のものは日本産）。1カップは200ml、大さじ1は15ml、小さじ1は5ml。1cc＝1ml。材料の分量は2人分を表記。

# 辛味相関図

## 生唐辛子

青唐辛子、赤唐辛子（国産／韓国産）
ハバネロ、ハラペーニョ

唐辛子にはたくさんの品種があり、原産とされる中南米産ではハバネロ（中辛）やハラペーニョ（激辛）が日本ではお馴染み。国産唐辛子はピリッと辛みが立つのが特徴。それに比べると、韓国産はまろやかな味わい。

## 乾燥系

### 原型　乾燥唐辛子（タカノツメ）

国産唐辛子の品種名タカノツメ＝唐辛子が一般的な認識で、それを原型のまま乾燥させたのが一般にタカノツメと言われている。

### カット　輪切り唐辛子、糸唐辛子

輪切り唐辛子は炒めものや漬物に利用すると便利。糸唐辛子は韓国食材として販売されており、仕上げの飾りや味のアクセントに利用できる。

### 粉　粉唐辛子

粉末状に加工された粉唐辛子のうち、唐辛子だけを粉状にしたものがチリペッパーや一味唐辛子。そこにクミン、ニンニク、オレガノなどのスパイスやハーブを加えたチリパウダーはメキシコ料理には欠かせない香辛料で、また日本で一般的な七味唐辛子は、山椒や胡麻、芥子などで風味づけされている。

#### 単体　チリペッパー

一味唐辛子

#### ミックス　チリパウダー

七味唐辛子

## その他香辛料

### カレー粉、からし、わさび、黒こしょう

辛さを増すのは唐辛子以外にもたくさんあるが、本書ではカレー粉、からし、わさび、黒こしょうを使用。唐辛子とは違う辛さが楽しめる。

---

### 食品系

調味料ではないが、調味料的に味付けにも使える辛い食材がキムチや明太子。単体でご飯のおかずにもなり、お好み焼きやパスタ、特にキムチは鍋や炒め物などの味付けにも重宝する。

- キムチ
- 明太子

#### ソース系
- タバスコ
- スイートチリソース

### 液体系

辛味オイルの代表格ラー油は、油に唐辛子を入れて熱し、辛味成分を抽出したもの。餃子や中華料理には欠かせない調味料だ。一方で、イタリアではオリーブオイルに乾燥唐辛子を漬け、加熱せずに辛味オイルを作るのが主流。
また、辛味ソースの代表格がアメリカ発祥のタバスコ。すりつぶした唐辛子と塩、穀物酢を原料に、樽で熟成させている。タイなどの東南アジアでは、甘みを加えたスイートチリソースがある。

#### オイル系
- ラー油
- 唐辛子オイル

### 熟成・発酵系

各国には、唐辛子を熟成・発酵させ、ペースト状にした辛味調味料がある。
中国ではソラマメと唐辛子を原料にして辛味をきかせた豆板醤、韓国ではもち米麹と唐辛子を原料にした甘辛のコチジャンが代表的。
日本では各地で郷土料理的に唐辛子味噌や南蛮味噌が作られる。作り方はすりつぶした唐辛子に塩やかんきつ類、糖類など、それぞれの地方で異なる副原料を加えて熟成または発酵させる。柚子こしょうの原料はこしょうではなく青唐辛子。すりつぶした青唐辛子と柚子の皮に塩を加えて、熟成させている。

- 豆板醤
- コチジャン
- 唐辛子味噌
- 柚子こしょう

# 簡単！つくおき辛味調味料4品

## 青唐辛子のしょう油漬け

白いごはんにのせるだけ。炒め物やラーメン、お茶漬けにもちょい足しできる万能保存調味料。

【材料】
青唐辛子…5本
しょう油…50ml

【作り方】
① 青唐辛子は小口に切り、清潔な保存瓶などに入れる。
② ①にしょう油を注ぎ、冷蔵庫で保存する。
③ 2〜3ヶ月は保存可能。

## 自家製ラー油

香りが豊かで、旨みが凝縮。保存は冷暗所で1〜2ヶ月を目安に（約250ml分）。

【材料】
粉唐辛子…60g　　水…大さじ5
A ┌ 太白ごま油（太白油）…150ml
　│ サラダ油…100ml　しょうが スライス…2枚
　│ シナモンスティック・長ねぎ（青い部分）…各1本分
　│ 花椒（中国の山椒）…大さじ1
　│ 八角（スターアニス）…1〜2個
　└ 陳皮（チンピ）…小さじ1/2（柚子の皮でも可）

【作り方】
① ボウルに粉唐辛子と水を合わせる。
② 中華鍋にAを入れて、強火で200度ぐらいまで上げる。
③ 火を止めて中の具を網などで取り出し、熱いうちに②を入れる。人肌に冷めたらこす。

※ねぎに水気がある場合は、油がはねる場合があるのでやけどには十分に注意してください。

## 辛玉〜ラーメン用

辛玉を1玉、2玉プラスすれば、パンチの効いたラーメンに！

【材料】
柿の種…10粒
ピーナツ…5粒
一味唐辛子…大さじ1
しょう油…小さじ1強
ごま油…小さじ1

【作り方】
① 柿の種とピーナッツをビニール袋に入れ、めん棒などで細かくたたく。
② ボウルにすべての材料を混ぜ合わせる。
③ 3〜4等分にしてラップで包み、直径1cmほどの大きさにしっかりと丸める。

## 明太子漬け

韓国風明太子。香味野菜を加えてコクのある仕上がりに。白いごはんがとまりません。

【材料】
明太子（または甘塩たらこ）…1腹
粉唐辛子…小さじ2
おろしにんにく…1/2片分
おろし玉ねぎ…大さじ1
おろししょうが…小さじ1
半ずり白ごま…小さじ1

【作り方】
① 明太子に粉唐辛子を全体にまぶす。
② にんにく、玉ねぎ、しょうが、ごまを混ぜ合わせて①にまぶす。
③ 冷蔵庫で一晩おく。冷蔵庫で1週間保存可能。

いつものメニューをぴりっと辛く!

# 小辛13

「厚焼き玉子」に「ポテトサラダ」など食卓に欠かせない
定番メニューにピリッと辛味を効かせた13品。
朝の目覚めに刺激を与えて、
1日の活力となること間違いなしの辛飯ワールド入門編!

### チリパウダーを使ったコクのある炒め物
# じゃがコンビーフのチリ炒め

**【材料】**(2人分)

じゃがいも…2個
コンビーフ…小1缶（100g）
サラダ油…適量
にんにく（芽を取る）…1片
チリパウダー…小さじ2
塩…少々
パセリ…適量（みじん切り）

**【作り方】**

① じゃがいもは皮をむき、
せん切りにして水にさらす。

② フライパンに油と半切りにしたにんにくを入れ
弱火にかける。香りが立ったら中火にして、
水気をしっかりときったじゃがいもを炒める。

③ じゃがいもが透明になってきたら、
コンビーフを加えて崩しながら炒める。
チリパウダー、塩で味を調え、
できあがりにパセリを散らす。

**ONE POINT** お弁当のおかずにも便利。ごはんにはもちろん、サンドイッチにも合う。

チリパウダー

いつもの味噌汁に飽きたらコレ！

# スパイシー！みそカレースープ

**【材料】(2人分)**

じゃがいも…1/2個
和だし汁…500ml
玉ねぎの薄切り…1/4個
粒コーン…大さじ4
味噌…大さじ1〜2
カレー粉…小さじ1

**【作り方】**

1. じゃがいもは皮をむき4等分に切り、水にさらす。
2. 鍋に和だし汁を沸かし、水気をきったじゃがいもを加える。
3. じゃがいもがやわらかくなったら玉ねぎ、粒コーンを加え、味噌とカレー粉を混ぜ合わせて溶き入れる。

**ONE POINT** 味噌とカレーの相性は意外にバッチリ。懐かしい味に。にんじんなど、好みの野菜を使っても◎。

**カレー味はポテサラにも相性抜群**

# カレーポテサラ with サーディン

カレー粉

【材料】(2人分)

じゃがいも…2個
オイルサーディン(缶詰)
　…5尾
玉ねぎの薄切り…1/8個
パセリのみじん切り…適量
カレー粉…小さじ1/2
塩…小さじ1/4
こしょう…少々
マヨネーズ…大さじ4

【作り方】

1. じゃがいもは皮ごと水からゆで、竹串を刺してやわらかくなったら取り出して皮をむく。
2. ❶を熱いうちにボウルに入れ、フォークなどでつぶす。
3. すべての材料を混ぜ合わせる。

**ONE POINT** オイルサーディンは形があまり崩れないようにさっくりとあえるのがコツ。

### 2つの素材の酸味がベストマッチ！
# 燃えるトマ🔥キム

【材料】(2人分)

トマト…中1個
ニラ…2本
玉ねぎすりおろし …小さじ2
キムチ…1/4カップ

【作り方】

① トマトはへたを落とし、ひと口大の乱切りにする。ニラは3cm幅に切る。
② すべての材料を混ぜ合わせる。
③ 冷蔵庫で1〜2時間寝かせる。

**ONE POINT** すぐに食べられるが、1〜2時間寝かせると味がなじむ。

キムチ

キムチと卵を合わせてマイルドな辛さに
# 揚げ🔥キム

【材料】(2人分)

油揚げ…1枚
キムチ…適量
卵黄…1個分
ごま油…適量
しょう油…適量
白炒りごま…適量

【作り方】

① 油揚げは焼き網で両面を焼き、4等分に切る。キムチは細かく刻む。

② 器に油揚げを敷き、真ん中にくぼみを付けてキムチをのせる。

③ くぼみに卵の黄身を落とし、ごま油、しょう油、ごまをかける。

**ONE POINT** 焼いた油揚げにキムチをのせるだけの"おたすけ1分レシピ"。辛く食べたいなら、卵を抜いてもOK。

ふわとろ中華風卵焼き
# あまくてピリッと辛いキムチ卵焼き

**【材料】**(2人分)

キムチ…1/4 カップ
万能ねぎ…1 本
卵…2 個
ごま油…大さじ 3
A ┌ しょう油…小さじ 2
　├ 砂糖…大さじ 1
　└ みりん…小さじ 1

**【作り方】**

① キムチは粗く刻む。万能ねぎは小口に切る。
　Aは混ぜ合わせておく。
　ボウルに卵を割り入れ、ねぎを入れて
　さっくりと混ぜ合わせておく。

② フライパンを強火で熱し、ごま油を加える。
　油が熱くなったら卵を流し入れ、
　お玉で軽く混ぜ合わせてキムチを入れる。
　さらに軽く混ぜ合わせて、Aを鍋肌に回しかける。

③ Aをあまり混ぜ込まずに、
　砂糖の焦げる香りが立ったら火を止める。

**ONE POINT** 卵を入れたら強火でさっと調理するのがふわとろのコツ。

キムチ

### 豆板醤と隠し味のにんにくがピリッと効く
# あさりのピリ辛酒蒸し

【材料】(2人分)

あさり(砂を抜いたもの)
　…約300g
にんにく…1片
万能ねぎ…1本
ごま油…大さじ1
酒…大さじ3
豆板醤…小さじ1

【作り方】

1. にんにくはみじんに切る。ねぎは小口に切る。

2. フライパンに油とにんにくを入れ、弱火にかける。にんにくの香りが立ったら中火にし、あさりを加えて全体を混ぜ合わせて酒をかけ、蓋をする。あさりの口が開いたら味を見て、豆板醤を加えて火を止める。

3. 器に盛り、万能ねぎを散らす。

**ONE POINT** あさりの塩分が濃い場合は、好みで豆板醤の量を減らして味を調えて。

豆板醤

### にんにくが効いたウマ辛炒め
# アボカドガーリック辛炒め

【材料】(2人分)

アボカド…1個
サラダ油…少々
にんにくスライス…1片分
オイスターソース
　…小さじ1 1/2
豆板醤…小さじ1/2
塩…少々

【作り方】

① アボカドは皮と種を取り、ひとくち大の乱切りにする。

② フライパンに油、にんにくを入れて弱火で熱し、にんにくの香りが立ったら中火にしてアボカドを炒める。

③ アボカドにツヤが出てきたら、オイスターソースと豆板醤を加えてからめ、塩で味を調える。

**ONE POINT** このオイスター炒めはアボカド好きなら試さなきゃソン！どんぶり飯がすすみます。

**濃厚な甘辛ダレがからみつく**
# ホルモンの辛みそ炒め

**【材料】**(2人分)
ホルモン（下茹で済みのもの）…200g
ニラ…3本
A ┌ コチジャン…小さじ2
  │ ごま油…大さじ1
  │ おろしにんにく…1/2片分
  └ 粉唐辛子…小さじ1
サラダ油…適量
しょう油…小さじ1

**【作り方】**

❶ ボウルにAを混ぜ合わせてホルモンをよくもみこむ。
　ニラは5cm幅に切る。

❷ フライパンに油を強火に熱し、ホルモンを炒める。

❸ 焼き色がついてツヤが出てきたら
　鍋肌にしょう油を回しかけ、
　ニラを加えてさっとかき混ぜて火を止める。

**ONE POINT** ホルモンは下処理したものを使う。もっと辛みを効かせたいときは粉唐辛子をプラス。

コチジャン・粉唐辛子

## お弁当におすすめのピリ辛厚焼き卵
# めんたい卵焼き

**【材料】**(2人分)

明太子…1/2 本
卵…3 個
A ┌ 和だし汁…30ml
　├ みりん…大さじ 1/2
　├ 片栗粉…小さじ 1
　└ 塩…小さじ 1/4
サラダ油…適量

**【作り方】**

① 明太子は1cm 幅に切る。ボウルに卵を割りほぐし箸でよく混ぜる。卵にA を加えてよく混ぜる。

② 卵焼き器をよく熱して、油を敷き❶の卵液をお玉一杯入れる。手前1辺に明太子をのせ、手前から巻き込む。

③ 卵焼きを手前に戻し油を敷いて、卵液をお玉一杯入れ卵焼きの下にも箸で持ち上げて卵液を入れる。表面が乾き切らないうちに手前から巻き込む。卵液がなくなるまで同じ作業を繰り返す。

**ONE POINT** 好みで刻んだ大葉や万能ねぎを加えても。

**まぐろ＋からし＋マヨネーズは黄金の相性**

# ぶつまぐろのからしマヨ和え

【材料】(2人分)

まぐろ…1柵(約130g)
削り節…適量
かいわれ菜…1パック
白ごま…少々
マヨネーズ…大さじ2
和からし…小さじ1/2～1
ごま油…小さじ1
しょう油…少々

【作り方】

❶ まぐろは2cm角に切り、削り節をまぶす。
❷ かいわれ菜は根を落とし、半分に切る。
❸ ❶と❷をボウルに入れ、すべての材料を混ぜ合わせる。

**ONE POINT** どんぶりにも最適な一品。からしの代わりに豆板醤を使うと、中華風の味わいが楽しめる。

**糸唐辛子を使ったオモニの味**

# かぼちゃとなすのピリ辛ジョン

**【材料】**(2人分)
かぼちゃ…1/8 個
なす…2 本
小麦粉…適量
A ┌ 卵…1 個
　│ 卵黄…1 個分
　│ 塩…小さじ 1/4
　│ おろしにんにく…1/2 片分
　└ 糸唐辛子…ひとつまみ
ごま油…大さじ 2
B ┌ 酢…適量
　└ しょう油…適量

**【作り方】**

❶ かぼちゃは 3mm 厚に切る。なすはへたを落とし縦 5mm 厚にし、半分に切る。
それぞれ塩少々(分量外)をふり、小麦粉を薄くつける。

❷ ボウルに A のからめ液の材料を入れ、よく混ぜ合わせる。

❸ フライパンにごま油を中火に熱し、野菜に❶をからめて両面焼く。
B のつけダレでいただく。

**ONE POINT** 具材に卵をからめて焼く韓国料理の定番。糸唐辛子の代わりに一味唐辛子を使っても◎。

糸唐辛子

25

### あっさりした辛さの作りおきメニュー
# 豆もやしとツナをラー油で

【材料】(2人分)

豆もやし…1/2 パック(100g)
ツナ…1/2 缶（40g）
ラー油…小さじ 1
しょう油…少々
酢…小さじ 1/2
塩…少々
万能ねぎの小口切り…適宜

【作り方】

① もやしは多めの湯でさっと茹でて水にさらし、すぐに取り出してしっかりと水気をきる。

② すべての材料を混ぜ合わせる。

③ 器に盛り、好みでラー油（分量外）をかける。冷やしてもおいしいので、作りおきがおすすめ。

**ONE POINT** もやしは、よく水をきるのがポイント。

辛さとうまさが絶妙にからみ合う！

# 中辛 17

ごはんがモリモリすすむピリ辛おかずからビールのお供に最適な
おつまみメニューまでバラエティに富んだ17品。
アイデアに満ちた辛味の演出が毎日食卓に並べても
食べ飽きない辛飯となるのだ！

**酸味の効いた辛さがクセになる！**
# 自家製チリコーン煮

**【材料】**(2人分)

ソーセージ…2本
にんにく…1片
サラダ油…50ml
唐辛子…1〜2本（種を取る）
チリパウダー…大さじ2
トマト缶（ホール）…1缶（400g）※漉しておく
ローリエ…1枚
スイートコーン缶（粒）…250g
塩…小さじ1

**【作り方】**

❶ ソーセージは2cm幅に切る。
にんにくは半分に切り、芽を取る。

❷ フライパンに油、にんにくを入れて弱火にかける。
にんにくの香りが立ったら唐辛子、チリパウダーを加える。
チリの香りが立ったらトマト缶、ローリエを加えて
約10分煮る。

❸ コーン、ソーセージを加えて
さらに約2〜3分煮て、塩で味を調える。

**ONE POINT** パンにたっぷりつけても、ビールのおつまみにも最適。食べだしたら止まらないクセになる辛さ。

唐辛子・チリパウダー

**辛さ&オクラとエビの食感を楽しむ**
# エビとオクラのガーリック炒め

**【材料】**(2人分)

エビ（無頭）…10尾
片栗粉…大さじ2
オクラ…8本
長ねぎ…1/2本
にんにく…1片（芽を取る）
A ┌ 中華スープ…大さじ5
　│ 砂糖…小さじ1
　└ しょう油…小さじ2
ごま油…大さじ2
唐辛子…3本（種を取り、半分にちぎる）
酒…大さじ1

**【作り方】**

① エビは背わたを取り、身の殻をむき片栗粉をまぶしておく。
オクラは塩でもみ板ずりして、ガクを落とし、
ビニール袋に入れてめん棒などでたたく。
長ねぎは粗みじんに、にんにくは半分に切る。
Aは合わせておく。

② フライパンにごま油とにんにくを入れ
弱火にかける。にんにくの香りが立ったら
唐辛子、長ねぎ、オクラを加えて炒める。
野菜に火が通ってきたら、エビを加えて炒める。

③ エビの色が変わってきたら、酒、Aを加えて
混ぜ合わせ、とろみがついたらできあがり。

**ONE POINT**　オクラのとろっとした食感とエビのぷりぷり感。食感を楽しんで。唐辛子は好みの辛さに加減して。

唐辛子

31

**コクのある中華風ピリ辛炒め**

# いんげんとピリ辛ザーサイ炒め

**【材料】**(2人分)

豚ひき肉…100g
長ねぎ…1/2本
にんにく…1片(芽を取る)
ザーサイ…大さじ1
いんげん…1パック
唐辛子…5本
サラダ油…大さじ3
酒…小さじ2
しょう油…小さじ1
塩…少々

**【作り方】**

❶ 長ねぎ、にんにく、ザーサイはみじんに切る。
いんげんはへたを落とし、半分に切る。
唐辛子は種を取り、半分にちぎる。

❷ フライパンに油を中火に熱して
いんげんを炒める。いんげんに火が通ったら
取り出して器に盛る。

❸ 同じフライパンに豚肉を入れて火が通るまで炒める。
にんにく、唐辛子、ザーサイ、ねぎを加えて
酒、しょう油、塩で味を調え、❷のいんげんにかける。

**ONE POINT** 炒めた豚肉はラーメンやごはんにのせたり、豆腐にかけてもおいしい。

唐辛子

33

**甘辛味はごはんのお供にピッタリ！**

# 大根スライスに南蛮青唐辛子みそ

【材料】(2人分)

青唐辛子…5本
しょうが
　…薄いスライス2～3枚
大根のスライス…5cm分
　(軽く塩をして水気が出たら
　ふく)
大葉…2枚(縦半分に切る)
みりん…大さじ2
味噌…大さじ5
サラダ油…適量
砂糖…大さじ2

【作り方】

① 青唐辛子は小口に切る。しょうがはせん切りにする。みりんと味噌は混ぜ合わせておく。

② フライパンに油を中火で熱し、しょうがと青唐辛子を炒める。青唐辛子にツヤが出てきたら砂糖を加えて混ぜ合わせ、砂糖が溶けたら味噌を加える。火を止めてよく混ぜ合わせる。

③ 味噌が溶けたら再び火をかけ、照りが出てきたら火を止める。器に大根、大葉を敷き、甘辛味噌を少量ずつのせる。

**ONE POINT**　懐かしい日本の味。甘辛味噌はキャベツや大根、きゅうりに、そのままつけて。おにぎりにも合う。

**熱したごま油をたっぷりかけて**

# やっこ焦がし醤油がけ

【材料】(2人分)

豆腐(絹)…1/2丁
にんにく…1/2片
しょうがスライス…2枚
唐辛子…2本(種を取る)
長ねぎ…5cm(白い部分)
ごま油…大さじ1
松の実…小さじ1/2
しょう油…小さじ1

【作り方】

1. にんにくとしょうがはざく切りにする。唐辛子は手でちぎる。ねぎは白髪に切る。皿に豆腐を盛り、ねぎをのせる。

2. フライパンに油とにんにく、しょうがを入れて弱火にかける。香りが立ったら、松の実、唐辛子を加える。

3. しょう油を加えて、しょう油の香ばしさが立ったら火を止め、熱いうちに豆腐にかける。

**ONE POINT** しょうがとにんにくは不揃いなみじん切りにするのがコツ。香ばしい風味を出します。

### ピリ辛のおつまみがほしいときに
# 油揚げキムチ巻き

【材料】(2人分)

油揚げ…1枚
長ねぎ…1/3本
しょう油…適量
キムチ…1/4カップ
大葉…適宜

【作り方】

① 油揚げは3方に切り広げる（長い辺を1辺残す）。長ねぎは白髪に切る。

② 油揚げの内面にしょう油をはけなどでさっと塗り、長い辺を手前にねぎとキムチを手前側にのせる。手前から巻き込んで3～4等分に切る。とじ目に楊枝を止める。

③ フライパンを中弱火に熱し、①を転がしながら焼き目がつくまで焼く。器に大葉を敷き、油揚げ巻きをのせる。

**ONE POINT** さらに辛くしたいときは、しょう油の代わりに豆板醤を塗って。

キムチ・コチジャン

### ねぎと大葉を合わせてさっぱりした辛さに
# ごまが香るイカキムチ

【材料】(2人分)

- モンゴイカ(刺身用)…1柵(120g)
- **キムチ…1/4カップ**
- **コチジャン…大さじ1**
- ごま油…小さじ1
- 白ごま…小さじ1
- しょう油…ひとたらし
- 大葉…適宜
- 長ねぎ…適宜

【作り方】

1. イカは7mm幅のせん切りにする。キムチはイカと同じぐらいの幅に切る。
2. ボウルにキムチ、コチジャン、ごま油、白ごまを入れ、よく混ぜ合わせる。イカを加えてよく混ぜ合わせ、しょう油で味を調える。
3. 器に大葉を敷き、白髪にした長ねぎをのせてイカをのせる。

**ONE POINT** イカ以外の好みの刺身を使ってもOK。おろしたにんにく、砂糖などを加えて楽しんでも◎。

**香ばしい辛さが食欲をそそる"W揚げ"**

# さつまと厚揚げ辛みそまぶし

**【材料】**(2人分)

さつま揚げ…1枚
厚揚げ…1枚
コチジャン…小さじ2
しょう油…少々
万能ねぎ…1本

**【作り方】**

❶ さつま揚げと厚揚げは焼き網またはフライパンで両面を焼く。さつま揚げは食べやすい大きさにスライスし、手でちぎった厚揚げと一緒にボウルに入れる。

❷ コチジャンを❶に入れて混ぜ合わせ、しょう油を加える。

❸ 小口に切った万能ねぎをまぶす。

**ONE POINT** 厚揚げの代わりに、具には焼いた油揚げや焼き豆腐を使ってもおいしい。

コチジャン

**辛味が効いたかた焼きそば**

# ラー油やきそば

【材料】(2人分)

やきそば…2玉
豚バラ薄切り肉…100g
なす…2本
ピーマン(種を取る)…2個
にんにく、しょうがの
　みじん切り…各1片分
唐辛子…1本(種を取る)
ラー油…大さじ3
オイスターソース
　…大さじ1 1/3
しょう油…小さじ2
長ねぎのみじん切り…適量

【作り方】

❶ やきそばは袋ごと電子レンジ600wで約1分加熱する。豚肉は5cm幅、なすとピーマンはヘタを取り、縦半分にして3mm幅に切る。にんにく、しょうがはみじん切りにする。

❷ フライパンにラー油を中火に熱してやきそばを炒める。あまり動かさずに片面がカリカリに焼けてきたら裏返す。裏面はさっと炒めて一度取り出す。

❸ 肉と野菜、唐辛子を加えて炒める。火が通ったら、❷のそばを戻しオイスターソースとしょう油を加える。最後にねぎを散らす。

**ONE POINT** なすとカリカリに焼いた麺にしっかりとラー油が吸着。辛味が増します。

ラー油・唐辛子

### 卵と相性のよいラー油をアクセントに
# ヒリヒリ卵ラースープ

【材料】(2人分)

白菜…1枚
卵…1個
鶏ガラスープ…400ml
長ねぎの小口切り…5cm分
しょう油…小さじ1
ラー油…適量
白炒りごま…少々

【作り方】

1. 白菜はひと口大に切る。卵はボウルに割り入れてよく溶く。
2. 鍋に鶏ガラスープを沸かし、白菜とねぎを入れてやわらかくなったら、しょう油で味を調える。
3. 卵を溶き入れて、ひと煮立ちさせたら器に盛り、ラー油、炒りごまをかける。

**ONE POINT** おなかに優しいピリ辛スープ。しょうがを加えれば、さらに体もホットに!

定番チンジャオロースをスパイシーに！
# 牛とピーマンのピリピリ炒め

**【材料】**(2人分)

牛カルビ肉…200g
片栗粉…大さじ2
カラフルピーマン…3個
にんにく…1片
ごま油…大さじ2

A ┌ オイスターソース…大さじ1と1/3
　├ しょう油…小さじ1
　├ 酒…大さじ2
　└ タバスコ…小さじ1

**【作り方】**

① 牛肉は1cm幅のせん切りにして片栗粉をまぶす。
　ピーマンはヘタと種を取り、せん切りにする。
　にんにくは縦半分に切り、芽を取る。
　Aは混ぜ合わせておく。

② フライパンに油とにんにくを入れ、弱火にかける。
　にんにくの香りが立ったら強火にして、牛肉を炒める。

③ 肉に火が通ってきたらピーマンを加え、
　Aを回しかける。とろみが出てきたら、できあがり。

**ONE POINT** 辛口派はタバスコの量を増やして。ピーマンの種類はお好みで。

タバスコ

豪快にまるごとがぶっと！スパイシー！
# 1本から揚げカレー

【材料】(2人分)

鶏もも肉（骨付き）…2本
塩…大さじ1/2
酒…大さじ2
こしょう…少々
片栗粉…適量
揚げ油…適量
カレー粉…適量
サニーレタス…適宜

【作り方】

① 鶏肉は骨に沿って切り込みを入れる。塩、酒、こしょうをまぶして下味をつけ、10分ほどおく。

② ペーパータオルで鶏肉の水気をしっかりとふき、片栗粉をまぶして余分な粉を落とす。

③ 160度に熱した油に鶏肉の皮側を下にして入れ、皮側を約8分、返して骨側を下にしてさらに約6分、肉に火が通るまでカラリと揚げて、熱いうちにカレー粉をたっぷりとふる。器に盛り、サニーレタスを添える。

**ONE POINT** カレー粉は鶏肉を揚げた後にたっぷりとふる。揚げ時間は鶏肉の大きさにより調節。

カレー粉

### カレー風味の本格レシピを短時間で
# 炒めるだけのタンドリーチキン

【材料】(2人分)

鶏むね肉…1枚(約300g)
塩…少々
A ┌ ヨーグルト…大さじ5
  │ 玉ねぎすりおろし
  │   …大さじ2
  │ おろしにんにく…1/2片分
  │ しょう油…小さじ1 1/2
  └ オリーブ油…小さじ2
カレー粉…小さじ2
サラダ油…大さじ1
飾りにサラダ菜…適宜

【作り方】

❶ 鶏肉は厚みのある部分に切り込みを入れ平らにし、4等分に切り、塩をまぶして常温におき、カレー粉をまぶす。Aは混ぜ合わせておく。

❷ ❶の鶏肉をボウルに入れ、Aを加えて、もみこむ。

❸ フライパンに油を中火に熱し、❷の鶏肉の両面を焼く(油がはねるので蓋をして)。表面に焼き色がついたらつけダレを注いで弱火にし、ときどき返しながら焦げないように蓋をして、約3〜4分肉に火が通るまで炒め煮する。

**ONE POINT** 辛さはカレー粉の量を変えて調整する。お弁当のお供やサンドイッチにも最適。

### ゆでじゃがと明太子の辛ハーモニー
# 明太じゃがサラダ

**【材料】**(2人分)

じゃがいも…2個
塩…少々
明太子…1腹
酒…小さじ1
玉ねぎすりおろし…小さじ2
にんにく…1/2片（おろす）
オリーブ油…大さじ2
こしょう…少々
レモン汁…少々
タバスコ…適量
パセリのみじん切り…適宜

**【作り方】**

1. じゃがいもは洗って芽を取り、鍋で水からやわらかくなるまで塩茹でする。熱いうちに皮をむきフォークなどでつぶし、冷ます。
2. 明太子は皮をむき、酒をふりかけて軽くほぐす。
3. パセリ以外のすべての材料を混ぜ合わせる。好みの辛さぐらいにタバスコを加えて、パセリを散らす。

**ONE POINT** 人気メニューをピリ辛にアレンジ。ごはんのおかずはもちろん、パンやクラッカーにつけても◎。

### 明太子＋ラー油のあんで辛さを増す
# 明太ラー油あん豆腐

【材料】(2人分)

明太子…1/2 腹
豆腐（絹）…2/3 丁（200g）
かいわれ菜…1/3 パック
にんにくのみじん切り
　…1/2 片分
サラダ油…小さじ1
中華スープ…400ml
酒…小さじ1
塩…少々
片栗粉…小さじ2
　（大さじ1の水で溶く）
ラー油…適量

【作り方】

❶ 明太子は切り込みを入れて開き、包丁でこそげて中身を取り出す。豆腐はひと口大に切る。かいわれ菜は根を落とし、半分に切る。

❷ ボウルに油、明太子、にんにくを入れてよく混ぜる。温めた中華スープを加えて、さらに混ぜ合わせる。

❸ フライパンに❷と豆腐を入れて中火にかける。沸騰してきたら酒を加え塩で味を調え、水溶き片栗粉でとろみをつける。器に盛り、かいわれ菜とラー油をかける。

**ONE POINT** 豆腐に散らすかいわれ菜は、代わりに細切りにした万能ねぎなどを使っても◎。

甘酢っぱ辛いチリソースをかけてさっぱりと
# ベトナム★にんじん春雨サラダ

**【材料】**(2人分)
にんじん…1本
塩…少々
春雨…20g
春菊…適量
ごま油…小さじ2
豚ひき肉…大さじ2
スイートチリソース…大さじ2～3
ピーナッツ…大さじ2（砕く）
半熟卵…1個（沸騰して6分茹でたもの）

**【作り方】**

❶ にんじんは包丁またはスライサーで
4cm長さのせん切りにする。
ボウルに入れ、塩をまぶしてしんなりするまでおく。
水気が出たら手で軽く絞る。春雨は熱湯で戻して
食べやすい長さに切る。春菊は葉を手でちぎる。

❷ フライパンに油を熱しひき肉を炒める。
火が通ったらチリソース小さじ1を加えて火を止める。

❸ ボウルに半熟卵以外の材料を混ぜ合わせ、
残りのチリソースを加えてさっくりと混ぜ合わせる。
器に盛り、半分に割った卵を添える。

**ONE POINT** スイートチリソースは唐辛子、ナンプラー、砂糖、酢などを混ぜて自家製するのもおすすめ。

スイートチリソース

**柚子こしょうの辛味が食欲をそそる**

# 帆立とエリンギの柚子こしょう炒め

【材料】(2人分)

ほたて…4個
エリンギ…1本
酒…小さじ2
柚子こしょう…小さじ1/4
オリーブ油…適量
バター…10g
万能ねぎ…適量(小口に切る)

【作り方】

① ほたては厚みを半分に切る。エリンギは1cm厚の横切りにして、ほたてと同じぐらいの厚さにする。酒で柚子こしょうを溶いておく。

② フライパンにオリーブ油を熱しバターを加えて、ほたてとエリンギを炒める。ほたてとエリンギに火が通ってきたら、酒で溶いた柚子こしょうを加えて混ぜ合わせる。

③ 器に盛り、ねぎを散らす。

**ONE POINT** 一見、どれもほたてに見えますが、半分はほたてに見立てたエリンギです。

あとひく辛さがくせになる！

# 大辛 17

見た目であなどるなかれ！そこかしこに潜む唐辛子やタバスコの罠。
ガツンとパンチの効いた辛飯の王道たるメニューを17品。
パスタも柚子こしょうで仕上げれば、
立派な辛飯のひとつとなりうる！

**辛みをたっぷり効かせたコッテリ炒め**

# 豚なすチンゲン菜の唐辛子炒め

**【材料】**(2人分)

なす…2本
豚バラ肉薄切り…4枚
にんにく…1片（芽を取る）
チンゲン菜…2株
ごま油…適量
唐辛子…3〜4本（種を取る）
酒…小さじ2
しょう油…小さじ2
塩…少々

**【作り方】**

① なすはへたを落とし、縦半分さらに
縦1cm幅に切り、長さを半分にする。
豚肉は5cm幅に切る。にんにくは半分に切る。
チンゲン菜は株を4等分に切り、幅は豚肉に合わせる。

② フライパンにごま油とにんにくを入れて
弱火にかける。香りが立ったら強火にして
豚肉、唐辛子を加え炒める。

③ 肉に火が通ったら、なす、チンゲン菜を炒め、
酒を加えてしょう油を回しかけ、塩で味を調える。

**ONE POINT** チンゲン菜の代わりに小松菜や豆苗など好みの野菜を使っても◎。

**唐辛子を5本使うからしっかり辛い**

# 厚揚げと豚のピリ辛にんにく炒め

**【材料】**(2人分)

厚揚げ…1枚
豚バラ薄切り肉…4枚
にんにく…1片
唐辛子…5本（種を取る）
もやし…1/2パック（100g）
ごま油…大さじ2
酒…小さじ2
しょう油…小さじ1
塩…少々
万能ねぎ…適宜

**【作り方】**

❶ 厚揚げは縦半分にして7mm厚さに切る。
豚肉は5cm幅に切る。にんにくはスライスする。
唐辛子はざく切りにする。

❷ フライパンにごま油とにんにくを入れ
弱火で熱し、にんにくがカリカリになるまで炒める。

❸ にんにくを取り出して、豚肉、唐辛子を加え強火にする。
肉に火が通ってきたら厚揚げ、もやしを加えてさっと炒め、
酒、しょう油、塩で味を調える。器に盛り、
小口に切った万能ねぎ、❷のにんにくチップを散らす。

**ONE POINT** にんにく風味の炒めもの。厚揚げは包丁で切らずに手でちぎって炒めると、さらに辛みがからむ。

### ナンプラー風味の酸っぱ辛炒め
# ライムが香る鶏と香菜のエスニック炒め

【材料】(2人分)

鶏むね肉…1/2 枚
鶏なんこつ…150g
小松菜…2 株
香菜…2 株
にんにく…1 片(芽を取る)
サラダ油…適量
唐辛子…3 本(種を取る)
ナンプラー…小さじ 2
塩…少々
ライム汁…1/4 個分
　　(※レモンでも可)

【作り方】

① 鶏肉はそぎ切りにする。小松菜は5 cm 幅に切る。香菜はみじんに切り、根を分けておく。にんにくはみじんに切る。

② フライパンに油とにんにく、香菜の根を入れて、弱火にかける。香りが立ったら、唐辛子、鶏肉を入れて強火にする。肉に火が通ってきたら、小松菜を加える。

③ 野菜に火が通ってきたらナンプラー、塩で味を調えて、ライム汁、残りの香菜を加えてさっと混ぜ火を止める。

**ONE POINT** ライムの風味がさわやか。鶏なんこつはなくてもOK。野菜はなすなどを使うのもおすすめ。

唐辛子

食べごたえのある根菜メニューを激辛に

# ピリッ辛！れんこんきんぴら

【材料】(2人分)

れんこん…170g
酢…少々
ごま油…大さじ1
唐辛子…1〜3本（種を取る）
酒…小さじ2
しょう油…小さじ1
みりん…小さじ2

【作り方】

① れんこんは大きめのひと口大の乱切りにし、酢水にさらす。

② フライパンにごま油を入れ中火にし、唐辛子、水気をきったれんこんを加えて炒める。

③ 表面が透明になって焼き色がついてきたら、酒をふる。しょう油、みりんで味を調える。

**ONE POINT** れんこんは皮ごと大きめの乱切りにして、シャキシャキとした歯ごたえを楽しんで。

唐辛子たっぷりの熱々ネバネバ辛鍋

# ズッキーニ入り変わり納豆辛みそ鍋

**【材料】**(2人分)

- 煮干し…1/2 カップ (10g)
- にんじん…1/3 本
- ズッキーニ…1/2 本
- ピーマン…1 個
- じゃがいも…1 個
- 水…500ml
- 納豆…2 パック (90g)
- 味噌…大さじ 1
- 粉唐辛子…小さじ 1〜2

**【作り方】**

1. 煮干しは内蔵を取り除き、手で細かくもんで鍋に入れる。にんじんは1cm 角、ズッキーニは1cm 幅に切り、さらに半分に切る。ピーマンはヘタと種を落とし1cm の輪切りにする。じゃがいもは皮をむき1cm 幅に切って水にさらし水気をきる。

2. 鍋に煮干し、じゃがいも、にんじん、水を入れて中火に沸かす。沸騰したら灰汁をすくい、残りの野菜と納豆を加える。

3. 5 分ほど煮て野菜がやわらかくなったら味噌と唐辛子を溶き入れ、好みのとろみになるまで煮る。

**ONE POINT** 唐辛子は好みの辛さに増減OK。さっぱり派は煮込んですぐ、とろ〜り派はしばらく煮込んでネバネバ鍋に。

粉唐辛子

### こってりとした甘辛だれがクセになる
# ごま辛味だれうどん

【材料】(2人分)
- なす…中2本
- 豚バラ薄切り肉…3枚
- しいたけ…2枚
- 茹でうどん…2玉
- A
  - 粉唐辛子…大さじ2
  - しょう油…大さじ1と1/3
  - 砂糖…小さじ1
  - 塩…少々
  - ごま油…大さじ1
  - 白炒りごま…小さじ1
- ごま油…適量
- しょう油…小さじ1
- 大葉…適宜

【作り方】
1. なすはへたを落とし1cm角に切って水にさらす。豚肉は1cm幅に切る。しいたけは石突きを落とし、1cm角に切る。うどんは茹でる。Aは混ぜ合わせておく。
2. フライパンにごま油を熱し、豚肉を炒める。肉に火が通ったら、水気をきったなす、しいたけを炒めてしょう油で味を調える。
3. ボウルに湯を切ったうどんを入れて、ごま油を回しかけ混ぜる。❷とAを好みの量で混ぜ合わせる。器に盛り、好みで刻み大葉をのせる。

ONE POINT　なすが辛味をたっぷり吸収して激辛に。具材にはお好みの野菜を使ってもOK。

レタスがもりもり食べられる激辛炒め

# シャキッとレタスとイカでキムチ炒め

**【材料】**(2人分)

イカ…1杯
　(下処理済みのもの)
レタス…1個
にんにく…1片 (芽を取る)
しょうがスライス…2枚
サラダ油…大さじ4
粉唐辛子…大さじ1
キムチ…1/4カップ
酒…小さじ2
しょう油…小さじ1

**【作り方】**

❶ イカは2cm幅の輪切りにする。
レタスは手でちぎる。
にんにくとしょうがはみじんに切る。

❷ フライパンに油、にんにく、しょうがを入れて
弱火にかける。香りが立ったら、
粉唐辛子を加えて油をなじませる。

❸ イカとレタス、キムチを加えて、
さっと炒め、酒、しょう油で味を調える。

**ONE POINT** レタス1個を豪快に!辛い!スピード炒め物。レタスは炒めるとかさが減るので、あっという間に完食。

キムチ・粉唐辛子

### キムチの辛味をしっかりなじませて
# タコきゅうりのキムチ和え

【材料】(2人分)

ゆでタコの足…1本
キムチ…1/4カップ
きゅうり…1本
マヨネーズ…大さじ1
レモン汁…小さじ1
塩…少々

【作り方】

1. タコはひと口大の乱切りにする。キムチはざく切りにする。
2. きゅうりは塩でもんで板ずりして洗い、めん棒などでたたいて食べやすい大きさに割る。
3. ボウルにすべての材料を混ぜ合わせる。

**ONE POINT** 作ってすぐに食べてもおいしいが、翌日は味がなじんでさらにおいしくなる。

スープに加えたラー油が激辛のもと
# 鼻を突き抜けるうま辛坦々麺

**【材料】**(2人分)

豚ひき肉…100g
小松菜…1株
ザーサイみじん切り…大さじ2
長ねぎ…10cm分
鶏ガラスープ…400ml
A ┌ しょうがのみじん切り…小さじ2
　├ しょう油…小さじ1
　└ こしょう…少々
サラダ油…大さじ2
B ┌ おろしにんにく…少々
　├ 酢…小さじ1
　└ しょう油・ラー油…各小さじ2
ラーメン…2玉

**【作り方】**

① 小松菜は5cm幅に切り、しょうが、ザーサイ、長ねぎはみじん切りにする。豚肉をボウルに入れて、Aを混ぜ合わせる。鶏ガラスープを沸かす。どんぶりにBを半量ずつ分けて入れ、合わせておく。

② フライパンに油を熱し、小松菜をさっと炒めて取り出す。同じフライパンに豚肉を加えて炒め、火が通ったらザーサイを加える。別の鍋でラーメンを茹でる。

③ Bを入れた2つのどんぶりに鶏ガラスープを半量ずつ注ぎ、ラーメンの湯をきって入れる。炒めた②をのせて長ねぎを散らす。

**ONE POINT** さらに辛くしたい場合は、豚ひき肉を炒めるときにもラー油を加えると特辛にバージョンアップ！

### ケチャップとタバスコをあえたアメリカンな惣菜
# タバスコトマト　チップス添え

【材料】(2人分)

トマト…大1個
A ┌ トマトケチャップ…大さじ3
　│ タバスコ…適量
　└ 塩・しょう油…各少々
ポテトチップス…適宜

【作り方】

① トマトはヘタを取り、ひとくち大の乱切りにする。
② トマトにAを混ぜ合わせる。
③ 器に盛り、ポテトチップスを添える。

**ONE POINT** ポテトチップスを手で砕いてトマトの上に散らすと食感が楽しくなります。

タバスコ・チリパウダー

## トルティーヤチップスと一緒に
# 辛さマックス！ハラペーニョサルサ

【材料】(2人分)

トマト…大1個
ピーマン…1個
玉ねぎ…1/4個
きゅうり…1本
香菜…1/2束
にんにく…1/2片（芽を取る）
タバスコ（緑）…小さじ1/2
塩…小さじ1/2強
チリパウダー…小さじ2
オリーブ油…大さじ1
トルティーヤチップス…適宜
香菜の葉…適宜

【作り方】

1. 野菜はすべてみじんに切る。
2. ボウルにトルティーヤチップス以外の材料を混ぜ合わせる。
3. 器に盛り、トルティーヤチップス、好みで飾りに香菜の葉を添える。

**ONE POINT** 炒めた豚肉やサラダにかけてソースとしても応用できます。サンドイッチにはさんで食べてもGOOD。

豆板醤 + 白ごま入りソースがウマ辛の決め手

# 火の鶏バンバンジー

【材料】(2人分)

A
- 白ごまペースト…大さじ1
- 豆板醤…大さじ1
- しょう油…小さじ1
- 鶏ガラスープ…大さじ1
- 砂糖・酢…各小さじ2
- 白すりごま…大さじ2

鶏もも肉…1枚
塩、酒…各少々
きゅうり、長ねぎ…適宜

【作り方】

❶ Aを混ぜ合わせる。

❷ 鶏肉は塩と酒をふり、約8分蒸してそのまま冷ます（もしくは、中火で12分ほど茹でても可）。冷めたらスライスして皿にのせ、スライスしたきゅうりと白髪にしたねぎを添える。

❸ Aを好みの量かける。

**ONE POINT** 鶏肉を細切りにして、ラーメンとからめてもいける！

豆板醤

**見た目の印象以上に激辛！**

# つぶし豆腐と海苔の豆板醤和え

【材料】(2人分)

A ┌ 白炒りごま…小さじ1/2
　├ おろしにんにく…1/4片分
　├ 豆板醤…小さじ1/2
　└ しょう油・ごま油
　　　…各小さじ1
豆腐（綿）…1/2丁
　（重しをして水気をきる）
海苔…適量

【作り方】

❶ ボウルにAを混ぜ合わせる。
❷ 豆腐を手で粗くつぶしながら❶に加えてあえる。
❸ 食べる直前に海苔を手でちぎり、さっくりとあえる。

**ONE POINT** ササッと作れる便利おかず。豆腐はよく水をきらないとベチャッとした仕上がりに。

豆板醤＋カシューナッツの甘辛ソース
# ゆでキャベツにナッツとマーラーソースがけ

【材料】(2人分)
キャベツ…1/4個
カシューナッツ…大さじ2
サラダ油…大さじ1
豆板醤…小さじ2
ごま油、ラー油…各小さじ2

A ┤
- 長ねぎのみじん切り…小さじ1
- しょうがのみじん切り…小さじ1/2
- しょう油…大さじ1と1/3
- 砂糖…小さじ1
- 酢…小さじ2

【作り方】

❶ キャベツはラップで包み、電子レンジ500wで約3分加熱する。ざっくりと切り、器に盛る。カシューナッツはめん棒などで叩いて砕き、キャベツの上にかける。

❷ Aはボウルに入れて混ぜ合わせる。

❸ フライパンにサラダ油を熱し、豆板醤を炒める。香りが立ったら火を止め、あら熱がとれたら❷に加え、ごま油とラー油も混ぜ合わせキャベツにかける。

**ONE POINT** カシューナッツの代わりにピーナッツやミックスナッツも◎。キャベツをたくさん食べたいときに。

豆板醤・チリパウダー

**ベーコンがコクを増す激辛おかず**

# じゃがいもの豆板醤マヨ和え

【材料】(2人分)

じゃがいも…2個
塩…少々
ベーコン…1枚
玉ねぎ…1/8個
サラダ油…適量
マヨネーズ…大さじ1
豆板醤…小さじ1
パセリ…適宜

【作り方】

1. じゃがいもは芽を取り、皮ごとやわらかくなるまで塩茹でする。ベーコンは1cm幅に切る。玉ねぎはスライスして水にさらす。

2. じゃがいもが熱いうちに皮をむき4等分に切る。フライパンに少量の油とベーコンを加えて弱火でカリカリになるまで炒める。

3. ボウルにマヨネーズと豆板醤を混ぜ合わせ、じゃがいも、ベーコンとベーコンの脂、水気をきった玉ねぎをあえて器に盛り、パセリを添える。

**ONE POINT** さらに辛くしたいなら豆板醤を多めに、マイルドにしたいならマヨネーズを多めに。

### キャベツと柚子こしょうの相性が抜群
# アンチョビと柚子こしょうのペペロンチーノ

【材料】(2人分)

アンチョビフィレー…1枚
キャベツ…1/4個
にんにく…2片(芽を取る)
酒…大さじ1
柚子こしょう…小さじ1～2
塩…適量
パスタ…200g
オリーブ油…適量

【作り方】

① キャベツは手で食べやすい大きさにちぎる。
にんにくはスライスする。
酒で柚子こしょうを溶く。

② 鍋にたっぷりの湯を沸かし、塩を入れてパスタを茹でる。茹であがる1分前にキャベツを加える。

③ 茹でている間に、フライパンにオリーブ油、にんにく、アンチョビを入れて弱火にかける。香りが出てきたら柚子こしょうを加える。茹であがった❷をざるに上げて加え、炒め合わせたら器に盛る。

**ONE POINT** パスタの茹であがりに合わせてキャベツも一緒に茹でるので、とっても簡単スピード料理。

柚子こしょう

一味唐辛子とじっくり煮込む

# じっくり辛さばの一味唐辛子煮

【材料】(2人分)

さば…2切れ
玉ねぎ…1/4個
にんじん…3cm
A ┌ 水…1カップ
  │ 一味唐辛子…大さじ1
  │ 砂糖…小さじ2
  └ おろしにんにく…1片分
しょう油・みりん…各大さじ1

【作り方】

① さばは皮目に十字の切り込みを入れる。玉ねぎは薄くスライス。にんじんはせん切りにする。

② 鍋にAと玉ねぎ、にんじんを入れて中火にかける。

③ 鍋が沸騰したらさばを皮目を上にして入れ、再び沸騰したらしょう油、みりんを加える。3〜4分煮てさばに火が通ったら火を止める。

**ONE POINT** 韓国風の辛みの効いた魚の煮物。かれいやぶり、かじきなどでもおいしく仕上がる。

辛みのデッドゾーンに挑戦！

# 特辛5

これでもか！と辛味を効かせた、舌がヒリヒリすること間違いなしの5品。
中華の定番「麻婆豆腐」に、真っ赤に染まる「鶏レバーの煮こみ」、
一味で具材が見えない「八宝菜の地獄煮」など、
辛飯ワールドの終着点をご堪能あれ！

**あさりのだしが効いた激辛鍋**

# 嗚呼!!あさりスンドゥブ

### 【材料】(2人分)

豚バラ薄切り肉…2枚（50g）
長ねぎ…1/2本
ごま油…大さじ1
**粉唐辛子…大さじ3**
あさり（砂を抜いたもの）…約300g
水…500ml
絹豆腐…1/2〜1丁
しょう油…小さじ2（味を見て調節）
卵…1個

### 【作り方】

① 豚肉は1cm幅に切る。
　長ねぎは2cm幅の小口に切る。

② 小さめのフライパンにごま油を熱し、豚肉を炒める。
　肉を取り出し、残った脂と粉唐辛子を混ぜ合わせて
　タテギ（韓国調味料）を作る。

③ 鍋にあさり、長ねぎ、水を入れて中火にかける。
　沸騰して灰汁が出てきたら取り除き、
　あさりの口が開いたら、豚肉と豆腐を加えて
　お玉で豆腐を崩す。好みの辛さのタテギを入れ、
　しょう油で味を調える。
　仕上げに卵を加えて崩しながらいただく。

**ONE POINT** 豆腐はそのまま鍋に入れて、鍋の中でざっくりと崩すのがおいしい食べ方。

粉唐辛子

**粗挽きこしょうと唐辛子が効いたスパイシー料理**

# にんにくの芽と豚の激辛ソース炒め

【材料】(2人分)

にんにくの芽…5本
豚肉トンカツ用…2枚
にんにく…2片
塩…少々
片栗粉…大さじ1
ごま油…大さじ2
唐辛子…2本（種を取る）
酒…小さじ2
しょう油…小さじ1
粗挽きこしょう…小さじ2

【作り方】

❶ にんにくの芽は5cm幅に切る。豚肉は1cm幅の棒切りにし、塩少々をふって片栗粉をまぶす。にんにくは半分に切り、芽を取る。

❷ フライパンにごま油とにんにくを入れて弱火にかける。にんにくの香りが立ったら強火にして、唐辛子と豚肉を加えて炒める。

❸ 肉に火が通ってきたらにんにくの芽を加えて炒め、酒をふる。しょう油、塩で味を調え、仕上げにこしょうをふる。

**ONE POINT** 食べごたえを出すためにトンカツ用の豚肉を使っていますが、豚バラ薄切り肉を使っても◎。

唐辛子・豆板醤

おなじみの中華メニューをピリリと激辛に

# 熱風マーボートーフ

【材料】(2人分)

豆腐(綿)… 1丁
豚ひき肉… 100g
長ねぎ… 1/3本
サラダ油… 大さじ2
A ┌ 鶏ガラスープ… 150ml
　├ しょう油… 小さじ1
　└ こしょう… 少々
B ┌ 豆板醤… 大さじ1
　├ 豆豉(トーチ)… 小さじ1
　├ にんにくみじん切り… 1片
　└ しょうがみじん切り… 大さじ1
片栗粉… 大さじ1
(同量の水で溶く)

【作り方】

1. 豆腐は1.5cm角に切り、さっと茹でて水気をきる。豆豉(トーチ)と長ねぎはみじんに切る。

2. フライパンに油を熱し、豚肉を炒める。Aを加えてさらに炒める。

3. ❷に豆腐とBを加えて弱火で味をなじませる。長ねぎを加え、水溶き片栗粉でとろみをつける。仕上げに油(分量外)を回し入れる。

**ONE POINT** 豆豉(トーチ)がない場合は、豆板醤とにんにく、しょうがだけでもOK。

**辛いのにやめられない！**

# 激震の辛さ！鶏レバーのラー煮こみ

【材料】(2人分)

ラー油… 大さじ3
にんにく、しょうがの
　みじん切り…各1片分
鶏レバー（豚でも）… 250g
A ┌ しょう油…大さじ2
　├ 砂糖…大さじ3
　└ 酒・みりん…各大さじ1
塩…少々
一味唐辛子…小さじ1
　（好みの量で）
長ねぎ…10cm分
　（粗みじん切り）

【作り方】

① フライパンにラー油、にんにく、しょうがを入れ弱火にかける。香りが立ったら強火にしてレバーを加える。

② 再度沸騰してきたら、Aを加えて強火で3～4分肉に火が通って照りが出るまで炒める。

③ 塩で味を整え、一味とねぎを散らす。

**ONE POINT** レバーは水に浸して10分おき、しっかりと水気をきりひとくち大に。好みで半熟卵を添えても。

一味唐辛子をたっぷり使って

# グツグツと八宝菜の地獄煮

【材料】(2人分)

豚細切れ肉…100g
野菜炒め用パック…1パック
にんにくのみじん切り…1片分
シーフードミックス…1/2カップ
中華スープ…250ml
A ┌ オイスターソース…大さじ1
　├ 塩…少々
　└ しょう油…小さじ1
片栗粉…大さじ2
　（同量の水で溶く）
一味唐辛子…大さじ2
サラダ油…70ml
　（お玉1杯ぐらい）

【作り方】

① 豚肉は片栗粉小さじ1/2（分量外）、塩・こしょう各少々（分量外）、しょう油小さじ1（分量外）をもみこむ。

② 中華鍋にサラダ油（分量外）とにんにくを入れ、弱火に熱し香りが立ったら強火にして野菜を炒める。豚肉とシーフードミックスを加えて中華スープとAを注ぐ。沸騰してきたら水溶き片栗粉を加えてとろみをだす。

③ 深めの器に盛り、一味をかける。別のフライパンで油を熱し、煙が出てきたら器にかける。

**ONE POINT** 野菜は炒め用のパック野菜を使うと便利。また、油がはねる場合もあるのでやけどには十分注意。

## タカハシユキ

ジャンルにとらわれず、つねに新しくておいしいレシピを生み出すフードコーディネイター。著書に『飲むだけくすりスープ〜野菜たっぷり、かんたん新習慣〜』(大和書房)『海の天然サプリ「煮干し」のレシピ(ボケないための"食べるケア")』(グラフィック社) など多数。

## Staff

| | |
|---|---|
| 料理 | タカハシユキ |
| 料理補助 | 佐竹 寛 |
| 撮影 | 遠藤 宏 |
| 編集協力 | 岸並 徹 |
| デザイン | 大森 由美 |

辛うまっ！　ビールのおつまみに　ご飯のおともに
## 辛いけどクセになる簡単レシピ 52
2017年2月13日　初版第1刷発行

| | |
|---|---|
| 著　者 | タカハシユキ |
| 編　集 | 喜多 布由子　杉本 多恵 |
| 発行人 | 佐野 裕 |
| 発　行 | トランスワールドジャパン株式会社 |
| | 〒150-0001 |
| | 東京都渋谷区神宮前 6-34-15 モンターナビル |
| | Tel.03-5778-8599 ／ Fax.03-5778-8743 |
| 印刷・製本 | 株式会社廣済堂 |

Printed in japan
©Yuki Takahashi, Transworld Japan Inc. 2017
ISBN 978-4-86256-194-7

◎定価はカバーに表示されています。
◎本書の全部または一部を、著作権法で認められた範囲を超えて無断で複写、複製、転載、あるいはデジタル化を禁じます。
◎乱丁・落丁本は小社送料負担にてお取り替え致します。